JN193131

藤野 博（東京学芸大学教職大学院教授）＋
綿貫愛子（臨床発達心理士）【著】

合同出版

この本を読むみなさんへ

この世界に、どこか遠い星から地球にやってきた宇宙人がいると想像してみてください。彼らは地球の生き物を調べるためにやってきました。

地球にはいろいろな生き物がいますが、二本足で立って歩く生き物はとりわけ不思議な特徴を持っています。目で合図をし合っているようなのです。それから近づき、一方が声を発します。するとその後にもう一方も声を発します。ときどき手を動かしたりもしています。目や音や手の動きで情報を伝え合っているのだと宇宙人は考えました。自分たちのやり方と違うので、宇宙人は興味がわきました。

そんな宇宙人になったつもりで、人のコミュニケーションについて考えてみたら面白いと思いませんか？　この本は人のコミュニケーションを面白いな・不思議だなと感じてもらうために作りました。

自分たちがふだん何気なくやっていることでも、あらためて考えてみると、なぜそんなことをしているのか意外にわからないものです。

人間のコミュニケーションについては科学者が研究を行っていて、いろいろなことがわかっていますが、まだわかっていないこともたくさんあります。

この本は心理学や言語学などの研究でわかったことにもとづいていますが、小学生にもわかりやすく書くようにしました。よくわからなかったところは学校の先生やお父さん、お母さんに教えてもらうのもよいでしょう。知りたいと思ったことを自分で調べてみるのはもっといい方法です。

こんなときに自分はどうしているかな、と振り返って考えてみるのもおすすめです。そこから何か新しい気づきや発見があるかもしれません。

東京学芸大学教職大学院教授　藤野　博

もくじ

3 会話の基本ルール

4 会話上手のテクニック

1
言葉以外の
コミュニケーション

1 相手を見る

「目は心の窓」という言葉があります。人に会ったときには、まず相手の目を見ます。目を合わせることからコミュニケーションは始まります。

なぜ目を見るの？

目が合うと、相手は「自分に気づいてくれた！」と知ることができます。相手が気づかないときには、相手の名前を呼んだり、手を振ったり近づいて声をかけるなどして、自分に気づいてもらうサインを送ります。

いつ目を見るの？

話をしたいと思ったときです。話をしたくないときには、あえて相手を見ないこともあります。

気づいていないと相手が思えば、コミュニケーションを始めなくても失礼にならないからです。

目を見ることと気持ちの関係

ヒト以外の動物の世界では、目を見ることは相手を威嚇する意味を持つことが多く、友好のサインではありません。相手の目を見ることが好意のサインとして受け取られるのは人ならではのことです。

ただし、人でも、ただじーっと見つめ続けることは相手に不安を与えます。目を見るだけでなく、笑顔や手を振るなどの身振りと合わせることで友好のサインになります。

豆ちしき ヒトの白目はなぜ白い？

ヒトの白目は白いのですが、チンパンジーなどは色がついています。白目と黒目の境がはっきりしていると、どこを見ているかわかりやすくなります。ヒトは視線によってコミュニケーションする動物なので、白目がはっきりわかるように進化したという説があります。

2 表情

感情は人の表情や態度に表れます。人は相手の表情から気持ちを想像することができます。主な感情に「驚き」「怒り」「幸せ」「悲しみ」などがあります。

4つの表情

表情を分析したエクマンという心理学者の説を参考に、4つの表情にわけてみました。人の気持ちは、目、眉毛、口元などの形に現れます。その場合、目がいちばんの決め手になります。

驚き

まゆ ➡曲がってつり上がる
め ➡大きく見開く
くち ➡あごが下に落ち口も開いた状態

怒り

まゆ ➡下がる
め ➡一点を凝視している
くち ➡一文字にしっかりと閉じるか、さけんでいるかのように開いている

幸せ

め ➡下まぶたの下にシワが寄る
くち ➡口の端が上がる、鼻から唇の両端までシワが寄る

悲しみ

まゆ ➡寄る
め ➡視線が下がり気味になる
くち ➡唇の両端が下がる

出典①

データ 気持ちの表し方は文化によって違う

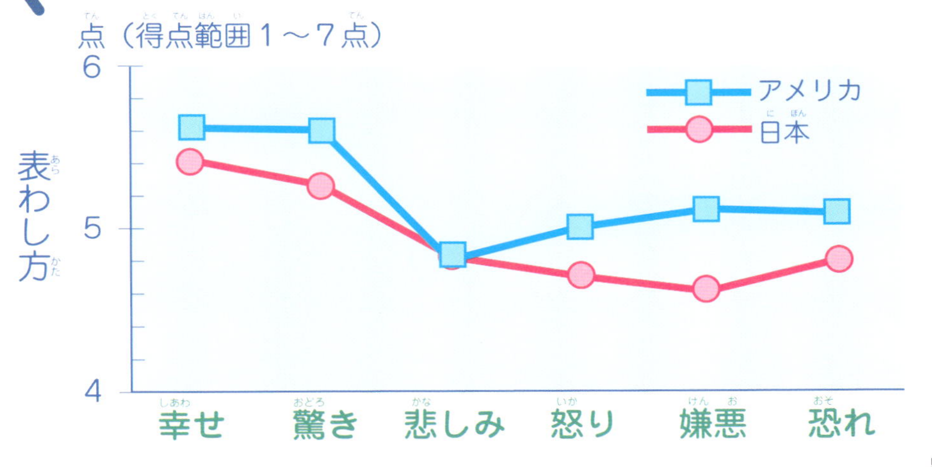

出典②

このグラフは、気持ちの表し方についての日本人とアメリカ人の違いを研究したデータだよ。

ふーん。それでどんなことがわかったの？

青線がアメリカ人のデータなんだけど、日本人よりも点数が高くなってるよね。

そうだね。

アメリカ人のほうが、より気持ちを表情に表すようだ。

アメリカの映画を見ると大げさなリアクションや表情をよくしてるもんね。

でも、悲しい気持ちのときだけは、表し方に差がないのが面白いでしょ？

悲しい気持ち以外のときは、わざとオーバーにやってるのかなあ。

アメリカでは自分の気持ちをはっきり相手に伝えることが重視されるんだろうね。

3 相手との距離・向き

人と会話するとき、話がしやすいように相手に近づきますが、ちょうどいい距離というのがあります。相手との距離は近づきすぎても離れすぎてもへんな感じになります。

ちょうどいい距離とは？

2人で話をするときには、腕一本分くらい離れた距離がちょうどよいでしょう。

近づきすぎると相手は落ち着かなくなったり、不快な気持ちになったりします。離れすぎると、よそよそしく、親しみがわきません。声も聞き取れないかもしれません。

体の向き・姿勢

相手と話をするとき、自分の顔や体を相手の方に向けます。横を向いたり、後ろを向く人はいません。顔や体を相手に向けるのは「私はあなたの話を聞いています」という態度を表しているのです。

データ 友だちの距離・知らない人の距離

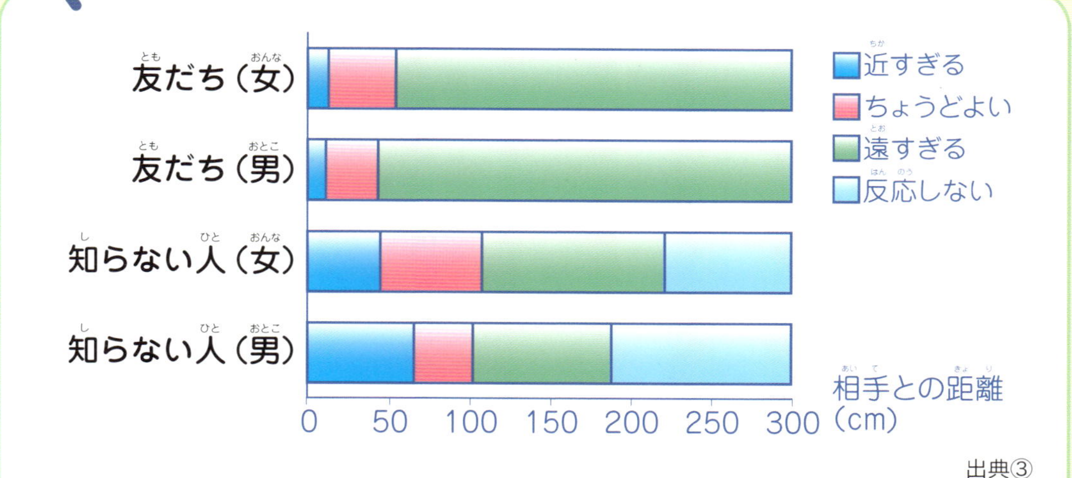

出典③

人との距離も一種のコミュニケーションなんだよ。

たとえば知らない人が鼻と鼻がくっつくくらい顔を近づけてきたらどう？

ちょっとやだなあ〜

どんな気持ちになる？

相手にもよるけど、怖かったり、気持ちわるかったり……

このグラフを見て。友だちの場合と知らない人の場合で、どのくらい人に近づくとどんな感じがするのかを調べたんだよ。それから男女の違いについても明らかにしてあるよ。

何がわかったの？　簡単に教えて。

友だちに対しては、その人に近づくほどいい感じになる。でも知らない人とは近づきすぎるといい感じがしない。距離が50cm以下に近づくといい感じがしなくなるんだそうだ。

定規ではかったのかな？　面白い研究だね！

ほどほどの近さがいいってことだね。

4 ジェスチャー

会話をするとき、言葉だけでなく動作（身ぶり）をつけて話します。おじぎをする、うなずく、首を振る、握手、拍手などいろいろな動作が見られます。言葉以外の、体を使ったコミュニケーションの１つです。

なぜジェスチャーを使うの？

相手と目が合ったときに、確認のためにおじぎをしたり手を振ったりすることもあれば、相手に気づいてもらうために手を振ることもあります。
近づいて相手の肩をトントンとさわって呼ぶこともあります。

ジェスチャー返し

目が合ったときに会釈すると、好意が伝わり相手からも会釈が返ってきます。親しい人の場合には手を振ると、親しみが伝わります。

いろんな国の挨拶

挨拶は文化によって表現のしかたがさまざまです。たとえば「はじめまして」と言うとき日本ではおじぎをしますが、アメリカでは握手、インドでは手のひらを胸や顔の前で合わせます。

いろんなジェスチャーと手話

身振りでの表現には慣習的なものと言葉として使われているものがあります。慣習的なものとはOKサインや、ちょうだいのジェスチャーなどです。これらはふだん周りの人がしているのを見て覚えていきます。そしていろいろなバリエーションがあり流行もあります。

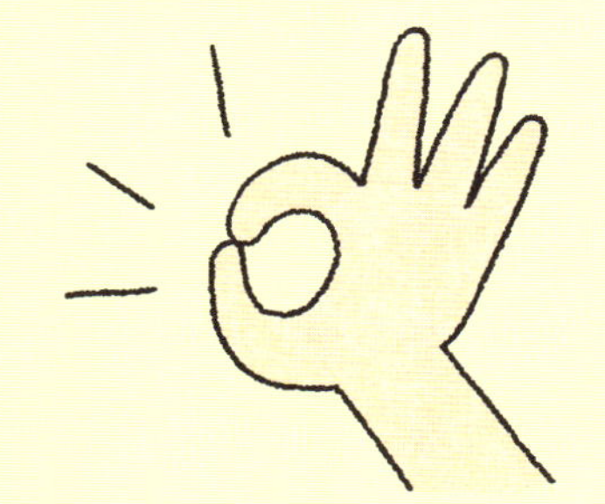

言葉として使われているものには手話があります。手話には一定の決まりがあり、習わないと習得するのはむずかしいでしょう。

聴こえに障害のある人以外にも、たとえばアメリカの先住民も話すときに手話も使っていました。部族ごとに違った言葉が使われていたため、部族間の共通語として手話を使っていたようです。

コラム 1

どこまで近づくとスズメが逃げるか!?

みなさんは、野鳥に近づいたことはありますか？　どのくらいまで近づけましたか？　夏休みの自由研究で、スズメなどがどのくらい人と近づくと逃げるかを調べた熊本県の小学生がいます。その研究で賞を取ったそうです。

「野鳥を確認したら、ゆっくり近づいて行き、どの時点で飛び去るか測定する。逃げるまでの距離の測定には、自分の歩幅（67cm）を利用する」という方法で調べた結果、地面や畑におりてきている小型の鳥の逃避距離はだいたい10m以内だったそうです。

動物にとって、距離をとることは危険を避ける本能と関係があります。相手が近づきすぎると不安になるのは、自分の身を守るために動物にとって大切な心の働きなのです。

「野鳥の逃避きょりの研究 」中村祐響
http://www.higo.ed.jp/center/?action=common_download_main&upload_id=4241

2

会話で何をしている？

5 挨拶

人と会ったり別れたりするときに、決まった言葉を言ったり、おじぎをしたりすることを挨拶といいます。挨拶は人とコミュニケーションするうえでの礼儀作法です。

なぜ挨拶する？

挨拶すると、相手はよい気持ちになります。自分のことを認め尊重してくれていると感じるからです。挨拶するとその場の雰囲気がなごみます。

反対に、挨拶をしないと、相手は自分のことがきらいだったり、目に入っていないのかと思い心配になったり悲しくなったりします。失礼な人だと思うかもしれません。挨拶しないと、落ち着かない緊張した雰囲気になります。

いつ挨拶する？

挨拶するのは、知っている人に、その日に初めて会ったときです。知らない人でも、自分からその人に会いに行ったときや、その人が自分に会いにきたときに挨拶をします。同じ日の２回目は挨拶を省略して話します。挨拶は、「私はあなたに気づきましたよ」という合図で、会話の出発点になります。また、話が終わって別れるときにも挨拶の言葉を言います。

挨拶言葉の種類

挨拶の言葉はいろいろありますが、いつでも、だれに対しても、同じことを言うわけではありません。場面に合った言葉を相手に合わせて使います。

会ったとき

家族	おはよう（朝）
友だち	おはよう（朝）
	○○ちゃん！（名前）（昼）
	（何も言わずに手を上げる）
年上の人	おはようございます（朝）
	こんにちは（昼）
	こんばんは（夜）
初めて会う人に	はじめまして

別れるとき

友だち	じゃあまたね
	バイバイ
年上の人	さようなら

相手が挨拶したら、自分も挨拶をします。挨拶のお返しをするのです。「こんにちは」と言われたら「こんにちは」と同じ言葉を返します。

データ　おはようは何時まで？

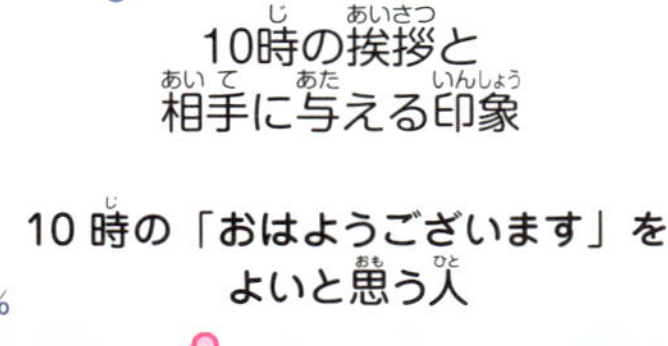

出典④

「おはよう」って、何時までなら言ってもいいんだろう。

そういうことを調べた調査があるよ。

ほんと？

10時のおはようがいいって言ってる人は、年齢が上がるにつれてだんだん減っていく。

ほんとだ。

「おはようございます」より「こんにちは」が無難かもね。

6 名前の呼び方

家族か、友だちか、先生かによって名前の呼び方が違います。親しくない人を下の名前で呼ぶと失礼になることがあります。友だちは下の名前で呼ばれると親しみがわき、うれしく感じるでしょう。

家族を呼ぶとき

家族に対しては、お父さん、お母さんなどと呼び、あまり名前では呼びません。上のきょうだいならばお兄ちゃんお姉ちゃん、下のきょうだいは名前やあだ名で呼ぶことが多いようです。

先生、家族以外の大人を呼ぶとき

苗字のあとに「○○先生」と、先生をつけます。校長先生は役職名で呼びます。家族以外の大人には苗字のあとに「さん」をつけます。

友だちを呼ぶとき

学校では友だちの苗字に「さん」をつけて呼びます。親しい友だちは下の名前やあだ名で呼ぶこともあります。

フルネームで呼ぶのが正確で間違いがないのですが、あまり親しみがわきません。先生は表彰式などの正式な場面ではフルネームで呼ぶことがあります。

データ 呼び方 いろいろ

関係	1位	2位	3位
父	パパ	お父さん	名前+さん
母	ママ	お母さん	名前+さん
祖父	ジジ（ジージ）	おじいちゃん	名前+さん
祖母	ババ（バーバ）	おばあちゃん	名前+さん
兄	お兄ちゃん	あだ名（+ちゃん）	名前
姉	お姉ちゃん	あだ名（+ちゃん）	名前
弟	あだ名（+ちゃん）	名前	
妹	あだ名（+ちゃん）	名前	

出典⑤

この表は、小学生が家族の名前をどう呼ぶかについて調べたものだよ。１位から３位まで順位をつけてみた。

ぼくもだいたいこんな感じで呼んでるよ。

家族の中では、くだけた呼び方が多いようだね。

親しい人に対しては、それが自然なのかな。

でも、きょうだいの間で、兄や姉は弟や妹をあだ名で呼ぶことが多いようだけど、その逆は少ない。

「親しき仲にも礼儀あり」っていうこと？

よく知っているね。家族の中でも上下関係はあるんだね。

7 誘う

何かをいっしょにしようと相手に提案することです。いっしょにやると1人で遊ぶより楽しくなります。またいっしょにやらないとできないこともあります。

いつ誘う？

いっしょに何かをしたいときです。たとえば、休み時間に遊ぶなら気の合う友だちを誘います。

誘い方

「しましょう」がふつうの言い方です。友だちなど親しい人には「しよう」「～しない？」などと言います。あまり親しくない人や目上の人には「しませんか？」などと質問の形で言います。

いっしょにトランプ
しませんか？

返事のしかた

それをしたいときには「うん、しよう！」「しましょう」などとこたえます。したくないときには、「したくないんだ」「また今度」と伝えます。そのときに、したくない理由まで伝えるとていねいです。

ただ、すぐに断ると、相手は寂しい気持ちになったり、大事にされていないと感じたりするかもしれません。そんなときは「ちょっと考えとくね」「少し考えさせてください」と言ってすぐに断らないのが大人のやり方です。

豆ちしき　相手に負担をかけない誘い方

誘うと相手に負担をかけることがあります。せっかく誘ってくれたのに断るのは悪いなと思わせてしまうからです。

そういうときは、「〇〇しない？」と誘いの言葉は言わず、「〇〇しようかな」と自分の気持ちだけ言うことがあります。

相手もそれをしたかったら「いっしょにやろう！」と乗ってくるでしょうし、したくなかったら、そのまま聞き流すことができるからです。

8 依頼する

相手に何かをしてほしいという自分の願いを伝えることです。自分にできないことがあるときでも、お願いすると誰かの力を借りてやりとげることができます。

依頼するときは？

自分ではできないことを、その人ならできるときがあります。その人にそれをしてほしいと願うときに依頼をします。

ポイント

自分でできることまで人に頼んでいると「横着もの」と言われたり、ずるい人と思われてしまいます。

誰にどんなふうに頼む？

人に頼むときにどんな言い方をするかは①相手との親しさ②上下関係③相手にかける負担の大きさ、の３つのポイントで決まります。

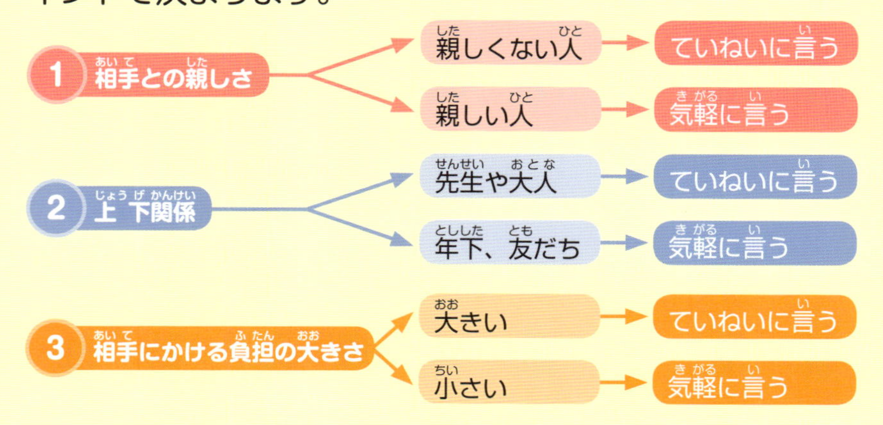

依頼のしかた

① 友だちに頼むとき

気軽に頼みます。ていねいすぎるとよそよそしいと思われます。そういう態度のことを「他人行儀」と言います。

- 仲間であることを強調します
  - 私たちの仲だから～
- 冗談っぽい言い方をします
  - ○○してくれないなんてー！
- タメ口で言います
  - ねえ、○○やって
- はっきり言います
- 気楽な感じで言います
- 相手への信頼を伝えます
  - ○○ちゃんは頼りになるから

② 先生や年上の人に頼むとき

ていねいな言い方をします。相手にわざわざやってもらうのですから、やってもらうのはわるいな、という気持ちを伝えます。そのような態度のことを「腰を低くする」と言います。親しくもない人に、いきなり「やって」と頼むと「あつかましい」人だと思われます。

- はっきり言わず、回りくどく言います
- 最後まで言わないことがあります
  - ○○の役をお願いしたいのですが……
- 控えめに言います
  - もしよろしければ～
- 敬意を示します
- 質問の形で言います
  - ○○していただけませんか？
- 相手に押し付けません

返事のしかた

頼まれたら、「いいよ」と引き受けるか「できないよ」と断るかのどちらかです。やってもいいなと思ったら「うん、いいよ」とか「OK！」「了解！」などと言います。やりたくないときには「できないよ」とか「無理！」と返事をします。自分にできるかどうか心配なときは「考えておくね」と言い、すぐに返事をしないことも必要です。その場合、相手が年上なら「少し考えさせてください」と言います。

9 約束する

何かをすることを他の人といっしょに決めることです。約束すると、そのことをしなければならない義務が生じます。約束したことを実行しないと、相手が困ります。約束をやぶることが続くと、人から信用されなくなります。

なぜ約束するの？

約束をしないと、相手といっしょに何かするときに不都合になることがあるからです。遊ぶ約束をするときは、待ち合わせの場所と時間、持っていくものなどを決めます。

いつ約束する？

だれかと何かを決めたいときです。約束したら自分も相手もその約束を守らなければなりません。

集団での約束・ルール

交通ルールやスポーツのルールも、みんなで守る約束の1つです。交通ルールはみんなが安全に生活するため、スポーツのルールは試合やゲームを行うために必要です。

ゆびきりげんまん

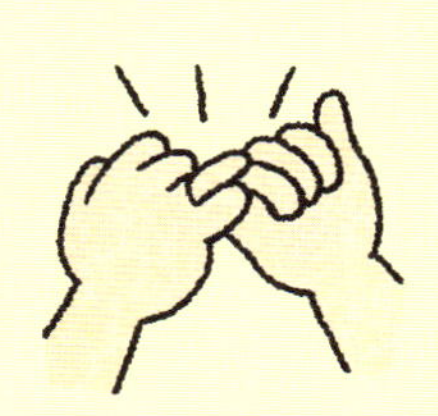

みなさんも1回は「ゆびきりげんまん、嘘ついたら針千本飲〜ます、指切った♪」というわらべうたを歌った経験があると思います。

ゆびきりげんまんとは、漢字で書くと「指切拳万」になります。指切とは、文字どおり、小指の第一関節から先を切ることです。江戸時代、吉原という街で遊女が客に「愛している」ことを誓う証拠として、指を切って渡したことが由来であるといわれています。少しこわいですね。それが少しずつ庶民にも広まって、「約束を必ず守る」という意味に変化しました。拳万とは、「1万回げんこつでなぐる」ことです。つまり、この歌は「約束を破ったら、針を千本飲ませて、1万回げんこつでなぐる」という内容であり、「約束は守らなければならない」「嘘をついてはいけない」ことの重さを教えてくれています。

10 相談する

自分の力だけでは解決できないとき、困っていることをだれかに聞いてほしいとき、自分の判断に自信がなかったりするときに、だれかに相談します。

いつ？

たとえば、けがをしたときは保健室の先生に手当を頼むなど、問題を解決してくれそうな人に相談します。

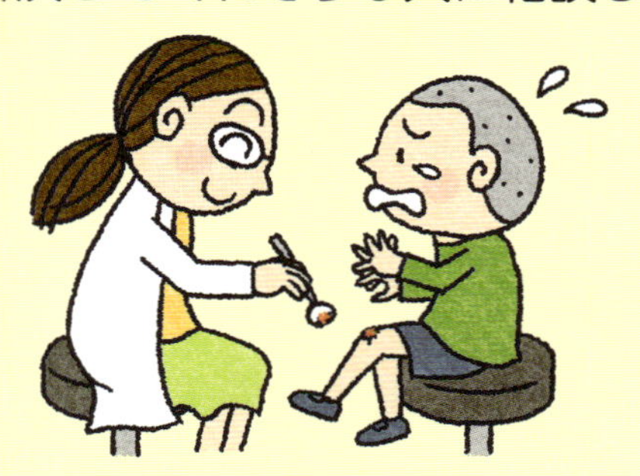

だれに？

相談するときは、問題を解決してくれそうな頼りになる人を選ぶと思います。しかし解決しなくても相談するだけで気持ちが軽くなることもあります。人に自分の悩みを聞いてもらうことは気晴らしにもなるのです。

相談されたらどうする？

ただ悩みを聞いてほしいだけなのか、問題の解決を求めているのかによって違いますが、友だちに相談されたら、まじめに話を聞くことから始めます。ときどきあいづちをうちながら、友だちの話に返事をします。

相談シート

自分と相手との関係によって、相談できることは変わります。身近な人にどんなことを言えそうか考えてみよう。

関係	相談できそうな内容
親	将来のこと、習い事の悩み、コンプレックス
きょうだい	親に対して思うこと、友だち関係
友だち	趣味のこと、クラブ活動のこと
担任の先生	勉強のこと、学校で起こったトラブル
おじさん、おばさん	親には言いにくいこと

11 質問する

わからないことを人に聞くことです。質問する相手にはこたえを知っていそうな人を選びます。

いつ？

何か知りたいことがあって、それを知っている人がそこにいるときです。

ポイント

同じことを何度も質問すると、相手は同じことを何度もこたえるのがいやになります。相手のこたえが聞き取れなかったり、意味がよくわからなかったときに、もう一度質問するのはOKです。

聞き方

頼むときと同じように、相手によって聞き方を変えます。相手のこたえが聞き取れなかったときや、わからなかったときには、「もう一度、言って（ください）」というように聞き返します。

親しい人

○○って何？

○○を教えて

年上、親しくない人

○○って何ですか？

すみませんが○○を教えてください

こたえ方

質問されたら、自分が知っていることなら教えます。知らないことなら知らないと言います。

知らないのに知っていると言うと、「嘘つき」とか「みえっぱり」とか言われます。

先生が質問する意味

ただし、こたえを知っているときでも質問することがあります。それは学校の授業中に先生がしていることです。先生はこたえを知っているのに、子どもに質問します。なぜかというと、先生は子どもたちが理解できたかどうか確かめるために聞いているからです。

豆ちしき　質問のプロはこうする

記者やジャーナリストが取材をするときは、相手のことをよく調べておき理解を深めるとともに、質問のテーマをあらかじめ考えておきます。その人が今力を入れていることは何か、社会に何を訴えたいのかなどを把握しておくことで、相手がどうこたえてくるかも予想しやすくなるからです。

また時間に余裕を持って行動すると、取材の練習をすることもできます。レコーダーを使うと、メモを取りながら聞くよりも取材相手と目を合わせながら会話ができるので、相手は「話をきちんと聞いているな」という印象を持ちます。

12 賛成・反対

何人かで話をするときに、賛成の意見と反対の意見が出ます。何かを決めるときには１つの結論を出さなければなりません。いくつもの提案の中からみんなが同じ意見にまとまると話し合いが終わります。

意見を出し合う

クラスの出し物を決めるとき、いろいろな意見を出し合います。たとえば「おばけやしき」に賛成する意見、反対する意見のそれぞれを聞く必要があります。

Aくん　おばけやしきをやりたいです

Bさん　それもいいけど、劇がいいな

Cさん　私も劇のほうが……

反対意見は大切

反対意見は、よりよい結論を出すために大切な役割を持っています。反対意見は案を練り直したり別の案をみんなで考えるきっかけになります。

意見の出し方

賛成のときは特別理由を言わなくてもいい場合が多いですが、反対意見を言うときは理由をそえると他の人が納得しやすくなります。「ああ、そういう考えもあるんだな」と参考になります。

意見のまとめ方

話し合いをするときはホワイトボードを使って記録すると便利です。まず、一人ひとりの意見を書いていきます。次に、その意見のいいところと問題点をみんなで考えていきます。話し合いで意見がまとまらなかったら、多数決で決める方法があります。

豆ちしき 多数決の原理

みんなで意見を出して、話し合ってもなかなか決まらないときがあります。そういうときの解決法として「多数決」というやり方があります。

多数決とは賛成する人がいちばん多かった意見に決めるという方法です。それはもっともフェアな決め方で、社会で基本になっているルールです。

13 沈黙する

ふだんは言葉を交わすことで会話をしますが、その途中でだまることがあります。たとえば、間をとったり相手の質問にこたえるために考えたり、相手が同意を求めてきたときに沈黙してうなずくことがあります。

どんなとき沈黙するの？

頼まれたり誘われたりしたことをやりたくない、あまり気が進まないので断りたいときには、だまってしまうことが多いでしょう。また、返事の内容をじっくり考えているときも間をおくことがあります。

なぜ何も言わないの？

はっきりと言葉にして断ると相手との関係がわるくなることがあります。だまることで「いや」という意思表示になります。

無視との違い

相手を無視することと沈黙することとは同じではありません。無視は意図的に相手の話を聞かない態度です。沈黙は相手の話を聞いているようすが見られます。

沈黙も大切なコミュニケーション

日本の伝統的な芸道の茶道とは、お客さんを招き抹茶をたてて楽しむことや、その作法をきめることをいいます。茶の湯の世界では、「沈黙」が大切なコミュニケーションであると考えられています。

茶事は、言葉はあまり使われずに、始めから終わりまで静かに進められます。茶の湯における「音」は、おもてなしをするための合図であったり、心身を浄めることにつながったり、自然を再認識するものであったりと、一つひとつが意味のある存在であると考えられています。

14 感謝する

自分のためによいこと、うれしいことをしてもらったときに、その人に、お礼の気持ちを言葉や態度で表すことを感謝といいます。お礼を言われると、その人はやってあげてよかったな、礼儀正しい人だなと感じます。何も反応しないと、失礼だなと思ったり、もうしてあげないと思ったりするかもしれません。

いつ言うの？

相手が自分のために何かしてくれて、ありがたいと思ったときです。たとえば、手伝ってもらったり、プレゼントをもらったり、大事なことを教えてくれたりしたときなどです。

どう言う？

年上の人には「ありがとうございます」と敬語で、家族や友だちには「ありがとう」とふつうの言い方で言います。親しい人には、笑顔でただ「ありがとう」とさらっと言ったほうが親しみの気持ちが伝わります。

「すみません」と言う言い方もあります。相手に負担をかけたことを申し訳なく思う気持ちを表しています。「ありがとう」は人と人とをつなぐ魔法の言葉です。

返事のしかた

感謝されたら笑顔で返事をします。「いえいえ」とか「どういたしまして」などと言うこともあります。相手が年上の人か、家族か、友だちかなどによっても言い方は変わります。いろいろな返事のしかたを探してみましょう。

データ　ありがとうとすみません

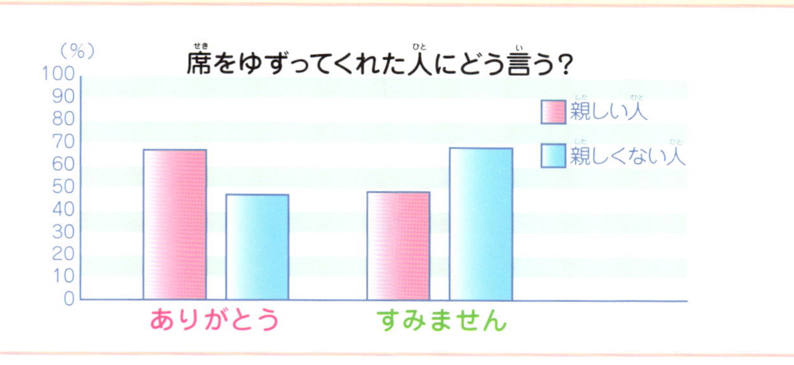

出典⑥

人に何かしてもらってお礼をするときに「すみません」って言うことがあるね。

大人はしょっちゅう「すみません」って言うよね。わるいことしたわけじゃないのに。

このグラフは、席をゆずってもらったときに相手に何と言うか調べたものだよ。相手が親しい人の場合と親しくない人の場合を比べている。

違いが出るの？

「ありがとう」は親しい人に、「すみません」は親しくない人に言う傾向があるようだね。

友だちに「すみません」とは言わないしね。

「すみません」と言うとていねいな感じになるからね。

なるほど。

大人は親しくない人に会うことが多いから、「すみません」を使うことが多くなるのかもしれないね。

15 ほめる

相手のいいところやよくできたことを、たたえることです。ほめられると人はうれしくなります。同級生や、年下の人に使います。子どもが大人をほめることは、ふつうは考えられません。

いつ？

友だちがしたことで、「いいな」「すごいな」と思ったときです。たとえば、作文や絵で賞をとったとき、運動の大会のメンバーに選ばれたときなどにすぐ声をかけます。

言い方

「すごい」「よくやったね」「うまいね」とポジティブな言い方をします。

ほめ方いろいろ

ほめ方には、結果をほめる・プロセスをほめる・センスや能力をほめるなどその人の何をほめるかでいろいろな表現があります。

出典⑦

ポイント

年上の人をほめると失礼になることがあります。上から目線のようで皮肉に聞こえます。ただし、「わぁ」「すごーい」など素直に気持ちを表すのは失礼なことではありません。

16 なぐさめる

ある人が悲しいときやつらいときに、いたわることです。なぐさめられると相手は気持ちに寄り添われた感じがして、いやされます。目上の人をなぐさめることはあまりありません。

いつ？

ある人が悲しかったり、つらかったりしているようすを見て自分がなぐさめたいと思ったときです。たとえば、その子のペットがいなくなってしまったとき、テストでわるい点をとったと相談されたとき、友だちにいじわるされて落ち込んでいるときなどです。

言い方

「つらいね」「気持ちわかるよ」などと言うこともありますが、言い方よりも態度が大事です。

どんな態度で？

なぐさめるときは笑ったりせず神妙な面持ちで聞くと、相手はその真剣な態度を見て気持ちをわかってもらった気がします。

相手と同じ気持ちで聞くことや、あいづちをうってひたすら聞くことでも、相手はいやされます。意見や解決方法を示さず、ひたすら聞くことを傾聴といいます。傾聴は人の相談に乗るカウンセリング技術の１つです。

豆ちしき　幸せホルモン

オキシトシンという、ストレスを緩和し幸せな気分をもたらすホルモンがあります。

人の場合、スキンシップによってオキシトシンが分泌されることがわかっています。たとえば母親が赤ちゃんを抱っこする、恋人同士が手をつなぐことによって分泌されます。その他、マッサージ、リフレクソロジーなど心地よく触れられる行為やペットをなでることでも分泌されます。

また会話、家族団らんなどでのおしゃべりや笑いもオキシトシンを分泌させ、幸せな気持ちになります。

これらは「グルーミング行為」と呼ばれ、動物が自分自身の毛づくろいをするように人も自分自身の心のケアをしているのです。

17 謝る

だれかに迷惑をかけたりいやな気分にさせてしまったりしたときに、自分の過ちを認めて、わるかったという気持ちを伝え、許してもらうことです。迷惑なことをされると人はいやな気持ちになったり、怒ったりします。謝らなかったら、いつまでも相手の怒りはおさまらず、許してもらえないかもしれません。

なぜ謝る？

謝られると、自分のことを尊重してくれている感じがします。怒りは自分がないがしろにされていると思うから生じるのです。謝ってもすぐに相手の怒りは消えないかもしれませんが、許そうという気持ちになりやすいのです。

いつ？

その人の持ち物を壊したり、汚したり、ぶつかったり、いやなことを言ったりしたときなどです。わざとではなくても謝ります。

ポイント

たとえ相手が怒っているように見えないときでも謝ることは大切です。相手が怒っているから謝るのではありません。自分のわるかったところを認め、その気持ちをはっきり伝えることが礼儀正しいやり方だからです。

言い方

目上の人には「すみませんでした」、家族や友だちには「ごめんなさい」などと言います。「申し訳ないです」というすごくていねいな言い方もありますが、主に大人が使います。

友だち

ごめん（ね）、わるい（ね）
（それほど大きな迷惑をかけなかったとき）

すまん
（お礼のときや人に何かを頼みたいときにも言います。いろいろな使い方ができる便利な言葉です）

態度

言葉で謝っても、態度が謝っているように見えないと、わるかったという気持ちが相手に伝わりません。相手にしっかり伝わり、許そうかなという気持ちになるには４つのポイントがあります。

ポイント
①相手の前ではっきり言葉にして謝ること
②自分がわるかったことを認めること
③つぐないの申し出をすること
④同じ過ちをしないと約束すること

答え方

相手が謝ったとき、許してあげてもいいかな、と思ったら「いいよ」「いいですよ」と言います。笑顔やうなずくだけでもＯＫです。何の反応もないと、許してくれていないのだな、と相手は思います。

自分の気持ちにさからってまで許す必要はありませんが、許してあげられるなら、あなたの心に余裕がある証拠です。人を許すことができると、心が広い人だと一目おかれます。

コラム 2

電話の「もしもし」と切るタイミング

電話では直接会って話すときには使わない「もしもし」という独特の表現があります。電話は言葉を使ったコミュニケーションですが、相手の顔や態度が目に見えないという特徴があります。アイコンタクトや会釈ができないので「もしもし」と話の開始の合図を送り、名前を名乗ってから話を始めます。

このような言葉での合図が電話での会話ではとても重要になってきます。話が途切れたときの沈黙の時間もふだんの会話以上に気まずい感じになり、何か話さなくてはという気持ちになります。

しかし、お互いのようすが見えないので、親しい人だと電話のほうが長話をすることもあります。寝ころびながら話しても相手には見えていませんからリラックスできます。

電話でむずかしいのは話の終わらせ方です。急に切ると失礼になるからです。「家族に呼ばれたから」「食事の時間だから」など理由をつけて切るとよいでしょう。

3
会話の基本ルール

ぼくはね～
Bさん
どう思う?

18 会話を始める

だれかに向かって話をするときには、だれに話しかけているのかがわかるように話し始めます。たとえば、相手の名前を最初に呼んだり、その人の顔を見たりします。相手が気づいたら、話し始めます。

いつ？

相手に話したい内容があるときです。聞いてほしいことや相談事、教えてもらいたいことやお願い事があるときです。

会話の中の決まり文句

こう話しかけたらこう応じる、というように、会話のやりとりはたいてい２つの発言が１つのペアになっています。同じ言葉をくり返すもの、はい・いいえでこたえるものなど、いくつもパターンがありますね。

挨拶 —— 挨拶	こんにちは —— こんにちは
呼びかけ —— 応答	○○さん！—— はーい、何？
質問 —— 返答	何食べたい？—— ラーメンがいいな
誘い —— 乗る・断る	明日図書館に行かない？—— うん、行こう！／……ちょっと明日はだめなんだ

話題の提示

会話を始めるときに「あれがさ〜」という曖昧な表現では、言いたいことが伝わりません。

「昨日のテレビに出てた恐竜の話なんだけど」などと具体的に言うことで、相手は何を話したいかが想像できます。

ポイント

いきなり話を始めると、相手がとまどってしまいます。

あいづちをうつ

誰かに話しかけられたら、「何？」または「はい」と返事をして相手の顔を見ます。相手が話し続けているとき、話が一度途切れたら（文章で「。」がつきそうなときに）あいづちをうって聞いていることを態度で示します。

19 話す人を交代する

相手が話している間は自分は聞き手に回ります。相手の話が終わったら、自分が話し始めます。3人以上の会話では指名された人が話したり、1人だけがずっとしゃべったりしないようにお互いに気をつけます。

聞き方

だれかが話しているときは聞くことに集中します。その話が終わったら話すことができます。みんな同時に話すと会話になりません。

話が途中なのに割り込んで話すのはマナー違反で、失礼だと思われます。

いつ話す？

話していたAさんが、「……だけど、Bさん、どう思う？」と言って、次に話す人を指名したら、Bさんが話します。

Aさんが次の人を指名しないで話を終えたら、BさんとCさんどちらが話し始めてもOKです。

3人以上で会話するとき

何人かで話をしているとき、その会話の輪に入ろうと思ったらどうしますか？　最初はいきなり2人の間に入らず、少し離れたところに立って話を聞きます。そして、少しずつ2人の間に向かって近づいていき、タイミングをはかって発言します。

豆ちしき　糸電話の作り方

コップの底に小さな穴をあけて、穴に糸を通します。糸を半分に折ったようじなどにくくって固定してできあがりです。

糸電話が完成したら、2人1組になります。糸がたるまないように離れて、1人がコップに耳をあて聞き役になり、もう1人はコップに向かって話しかけます。糸電話では「聞きながら話す」ということができないので、話す人と聞く人の役割分担がわかりやすいですね。

用意するもの

- プラスチックコップ
- 糸
- セロテープ

▶しりとりも順番がはっきりしているね！

20 会話を続ける

会話を続けるときは、聞き返したり、ある話題に関連したことを話したりすることでつながっていきます。上手に会話を進めるには、いくつかのポイントがあります。

話題に関係のあることを言う

相手が話し終わったとき、次に話す人は、相手が話した話題に関係する話をします。相手は同じ話題が続くことを期待していますので、急に話題を変えると混乱したり、会話がとだえてしまったりします。

ポイント
別の話題に変えたいときには「ところで」「話は変わるんだけど」などと、話題を変えたいことを相手に伝えます。

質問する

たとえば、自分が関心があるものについて詳しい人に話を聞いているとします。「これはどこですか？」「その中でもいちばんめずらしいものは？」などとより詳しい質問をしていくことで、会話が深まっていきます。

理解しながら話を進める

会話の途中で、話題からずれてしまったり、誤解が生じてしまうことがあります。そのようなときは、そのままにするのではなく「もう１回言って」「こういうこと？」と一度戻って内容を確認すると、わからなかったところも理解できます。

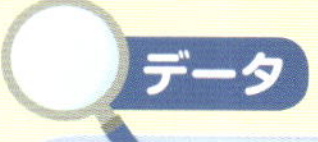

会話中にうなずくことの効果

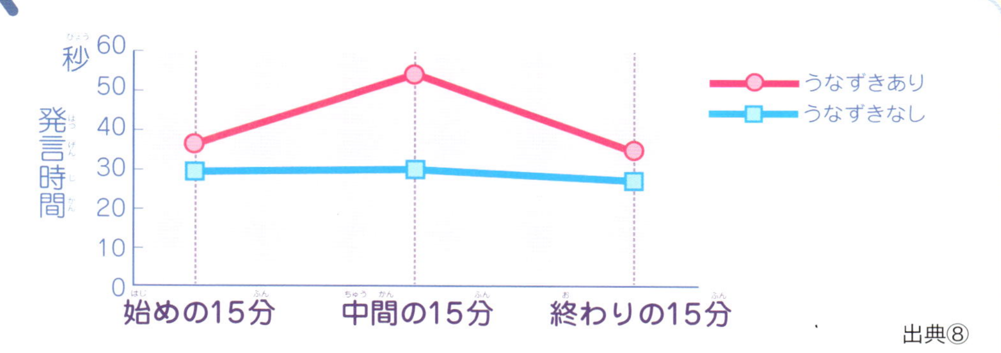

出典⑧

会話の場面で、うなずくことの効果を調べた研究もあるよ。

面白いですね。

人と話しているとき、相手が何のリアクションもしなかったらどう？

自分の話を聞いてくれてないのかなあと思って、心配になったり、寂しくなったりするかな。

うん。それから？

その人と話すのをやめちゃうかも。

青線は相手がうなずかない場合、赤線はうなずく場合だよ。

えーと……うなずく場合のほうが話す時間が長くなってるみたい。

リアクションすることが会話を続けるのに大事だってことが、このデータからもわかるでしょ。

21 会話を終わりにする

会話を終わりにするときも、始めるときと同じように気をつけるポイントがあります。そろそろ話を終わらせようという合図をお互いに送り合います。態度に出る場合もありますが、多くは言葉の中に終わりにするサインがあります。

いつ？

一方的に会話をやめたり、その場から去ったりすると、相手はいやな気持ちになることがあります。

次の用事があるときや、自由な時間が終わるとき、話したいことが済んだときは終わりにします。

どんな合図を出す？

「お母さんに頼まれてることがあるんだ」「塾に行かなくちゃ」など、次の予定があることを伝えたり、大人の場合だと時計を何度も見たりすることが終わりのサインになります。話すことがなくなったことを示すために無言が続くと、そろそろ・またねという合図です。

なぜはっきり言わないの？

終わりの合図を出すとき、はっきり背を向けたり急に無言になったりすることはあまりありません。「そろそろ終わりにしたい」とはっきり言ってしまうと、もう話をしたくないのだと思われ、よくない印象を相手に与えるからです。

後味のよさを作る一言

別れ際の一言をしっかり言うことが、気持ちよく会話を終わらせるポイントです。そのためには「楽しかったね」や別れの挨拶、次に話す機会も楽しみにしているというメッセージになる「またね」がよく使われます。

22 授業中の会話ルール

学校では、家や友だちと話すときと違って独自のルールがあります。授業中は勉強を教わるための時間なので、そのためのルールがあるのです。

授業中に話していいとき

授業中は自分が好きなときに勝手に話すことはできません。話してもいいのは、先生に質問され、その質問にこたえるときです。「隣同士で話し合ってください」と先生が言ったときにも、指示されたことについてだけ話します。

私語はできない

友だちと好きなことを自由に話していいのは、休み時間、給食の時間、放課後などです。どんなことを話しても自由ですが、勉強の話よりも、趣味や食べ物、テレビ、友だちの話題などを楽しむ人が多いです。

ポイント

休み時間は自由な時間なので、好きなように過ごしましょう。無理に話をする必要もありません。本を読んだり体を動かして過ごすのもいいですね。

会話がはずむTRPG

テーブルトーク・ロールプレイング・ゲーム（TRPG）という遊びを知っていますか？　テーブルを囲んで、紙や鉛筆・サイコロなどを使い、参加者同士の会話のやりとりで、物語を進めていくことを楽しむゲームのことです。

１人がゲームの進行役である「ゲームマスター」を担当します。「プレイヤー」は自分が演じるキャラクターを作ります。そして、プレイヤーはルールとゲームマスターが用意したシナリオにしたがってキャラクターを演じ、物語を作っていきます。ゲーム好きな人におすすめです。

うまく話せなくてもOK！

ここまで読んできて、「うまく話せるかな？」「大丈夫かな？」と不安になっていませんか？

コミュニケーションでいちばん大切なことは、正しい言葉の意味や文法を使うことでも、いつもみんなが笑える話をすることでもなく、あなたの話したいと思う気持ちです。ですからあなたが自分で一生懸命に考えて、話したいと思えることがあったら、それで十分なのです。

23 4つの会話テクニック

吉田尚記さんというニッポン放送のラジオアナウンサーは、もともと会話が苦手なのだそうです。ラジオはおしゃべりだけで聴いている人にわかってもらい、ゲストと会話して聴く人を楽しませなければなりません。吉田さんが苦労して見つけ出した会話術を紹介します。

コミュニケーションはゲーム

ゲームといっても、対戦型でなく協力型のゲームです。ゴールは、相手と協力して共通のもの（会話）を作り上げることです。

相手に興味を持つ

友だちの服装、持ち物や趣味（読んでいる本、好きなゲームやスポーツ）が自分と同じだったり、いいなと思ったりすれば、会話のきっかけになるでしょう。

友だちのことを知りたい、友だちと話して面白いなと思ったら会話がはずむチャンスです。

嘘をつかない

話の中で嘘をつくと、あとで困ることになります。たとえば行ったことがない外国に行ったと嘘をついたら、相手はその国のことについて質問してきて、自分がこたえられなくなる可能性があります。また嘘だと知った瞬間、「本当のことじゃなかったんだ」と裏切られた感じがします。

否定的な言葉は言い換える

「きらい」と「違う」はNGワードで、拒否したいシーンでだけ使う言葉です。たとえば自分が虫ぎらいでも相手が好きだったら「きらい」と否定してしまうと話が続きません。相手の気持ちを尊重して、ストレートに否定する言葉は避けます。

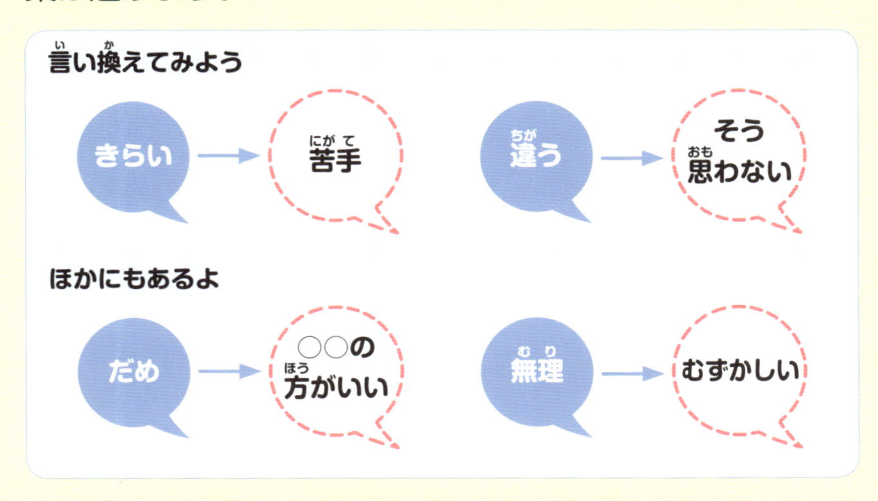

いつでも誰でも使える天気の話

大人はあまり親しくない人や初めて会う人に対して、よく天気の話をします。晴れてるとか雨が降ってるという話は目の前に見えていることなのでお互いが同じくらいわかっており、話を合わせやすいのです。

お天気の話だけで5分も10分も盛り上がるわけではありませんが、その話をきっかけにして、別の話題を出すこともあります。

子ども同士で話を盛り上げるなら、同じ趣味や興味があるかどうかを探ってみましょう。好きなゲームや本やスポーツがいっしょなら、すぐにその話題で話が盛り上がります。

会話上手(かいわじょうず)のテクニック

24 わかりやすい話し方

人に話をするとき、私たちは相手にわかりやすい言い方をしています。これは相手と話すときに大切な、気遣いを表しています。これができないと相手と会話するときに、ちぐはぐな印象になります。

ちょうどよい情報量を話す

たとえば同じクラスの友だちに「どこに住んでいるの？」と聞かれて「地球」「日本」とは言いません。間違ってはいないのですが大ざっぱすぎて、相手は知りたいことがわかりません。ふざけていると思われます。

また「○丁目○番○号」とまでも言いません。知りたいことはわかりますが、そこまで詳しく知りたいわけではないのです。同じ学校の友だちなら「○町」とか「○駅の近く」くらいがちょうどよいでしょう。

嘘や間違ったことを言わない

会話は「相手の話すことはすべて正しいことだ」という前提で進みます。たとえば先生が「明日は新聞紙を持ってきてください」と言ったら、それを嘘だとは思いません。会話は信頼関係のうえに成り立っているのです。

簡単に、むだなく言う

たくさん言いたいことがあっても、思いついたまま全部話すと、相手はわかりにくいかもしれません。相手にいちばん伝えたいことは何かを考え、そのゴールからはずれないように話すよう心がけるとわかりやすい話し方になります。

相手が知っている言葉を使う

話すときに自分だけが知っている言葉を使うと相手に伝わりません。自分が知っていることと他の人が知っていることは違います。たとえば自分が動物に詳しくても友だちが同じことを知っているとは限りません。そのことを考えずに、本に出てきた言葉をいきなり言うと、相手は何のことかわからないかもしれません。

読んだ内容をいきなり話す前に「あの本読んだことある？」などと、その動物に関心があるか、見たことがあるかを、まず確かめる必要があります。

豆ちしき　詐欺師の話

他の人をだまして、もうける人のことを詐欺師といいます。詐欺師は、嘘なのに本当のことのように言ってだまします。「相手の話すことは嘘でなく本当のことだ」という前提で、私たちのふだんの会話は回っているからです。相手が言っていることは嘘かもしれない、といつも疑っているとコミュニケーションはスムーズにいきません。相手の話は本当のことだ、という信用に詐欺師はつけこんでいるのです。

25 遠回しな言い方

言葉は、相手にそのまま伝わるようにはっきり言うことが大切ですが、時にはわざとぼやかしたわかりにくい言い方をすることもあります。相手が気をわるくしないように気遣って、表現をやわらげているのです。

お願いは遠回しにする

部屋に入ってきた子が「この部屋寒くないですか？」と聞いています。でも心の中では「暖房をつけてほしいな」と思っています。会話上では「暖房をつけて」という命令ではありませんので押し付けられたような感じはしないでしょう。

「暖房をつけて」とはっきり言うと相手から命令されたみたいでいやな感じと思うでしょうし、上から目線でいやだなと思うかもしれません。

ポイント

相手の暖房をつけてほしいという気持ちに気づかないふりをすることもできます。つまり「いやだ」とはっきり言わずに「そうかな」と言って遠回しに断ることができるのです。

なぜ遠回しな表現を使う？

基本的に、人に何かをしてもらうことは相手に負担をかけることです。頼み事をするときには、その人に負担をかけるのは申し訳ないという気持ちを示す必要があります。その人を尊重しているという気持ちから直接的な言い方をさけるのです。どうしてもしてほしいときはていねいに頼みます（25ページを見てね）。

ポイント

はっきり断るといやな雰囲気になるので、できればさけたいものです。相手がそれをしなくてもいいような逃げ道を残しておく言い方は思いやりがあります。

親しい人には気軽にそのまま

お母さんやすごく仲がいい友だちから「暖房つけて」とはっきり言われても、あまりいやな感じはしないでしょう。むしろ、「寒くないですか？」と遠回しに言われるより、「ねえ、暖房つけてよ」とストレートに言ってもらったほうがうれしいのです。

26 声の大きさ

話をするとき、時と場面や目的によって、声の大きさを変える必要があります。大事なのは、話したい人に確実に声が伝わることです。どんなときにどんな大きさの声で話しているか観察してみましょう。

大勢の人に話すとき

クラス全員の前で話すときや、全体集会で大勢の人に話すときは、ゆっくり大きな声で話します。遠くから人を呼ぶときや、スポーツなどで応援するときにも大きな声を出します。

静かな場所では

保健室など体調がわるい人がいるところでは、その人が落ち着けるように静かに話します。

図書館や美術館、映画館では原則として大きな声で会話することが禁止されています。

内緒話をするとき

内緒話をするときは聞こえないように、他の人がいないところで小声でします。

音量調べ

身の回りの物の音の大きさを調べると、面白いことがわかります。

音の大きさ	
0デシベル	聞こえるか聞こえないかの境目
20デシベル	ささやき声
40デシベル	静かな部屋の中
60デシベル	ふつうの会話の声
80デシベル	大きな声
100デシベル	騒音

27 抑揚をつけて話す

抑揚とは、声の調子を上げ下げしたり強弱をつけたりすることです。質問するときには文の終わりに声の高さを上げて、質問していることをはっきりさせます。

語尾を上げるとき

「これ、読んでみる」と「これ、読んでみる？」では意味が違います。声の調子が一定だと断言しているように聞こえます。語尾を上げると相手に読むものをすすめていることになります。

感情によって変わる

怒って神経が高ぶっているときは大きな声になりますし、思いにふけっているときは小声でしずんだ声になります。そのとき感じている気持ちによって自然と声のトーンが変わります。

28 語尾

語尾とは言葉の最後につく単語のことです。自分が思っていることにどのくらい自信があるかどうかは、語尾の言い方から知ることができます。

共感を求めるとき

自分の考えに共感してほしいときに「ね」や「だよね」などを語尾につけます。そうすることで相手も自分と同じ気持ちになってほしいということを伝えています。

ポイント

年上の人や親しくない人と話すときに「だよね」は失礼です。「ですよね」とていねいに言います。

自信があるとき・ないとき

「～だ」は、かなり自信があります。「～だろう」は、少し自信がありません。「～かな」はかなり自信がありません。「～かも」になるとほとんど自信がありません。

29 敬語・ふつうの言い方

相手によって、ものの言い方は変わります。年上の人や目上の人には「です」「ます」を語尾につけます。同じ年や年下の人の場合、語尾は「だ」とか「だね」という言い方をします。

家族以外の大人と話すとき

家族以外の大人には敬語を使います。相手に対する尊敬を表す意味があり、ていねいな感じがします。

同級生や、年下の子に話すとき

同い年の子や年下の子にはふつうの言い方で話します。同い年の相手に敬語で話されると、かえって距離をおかれた気がします。

手紙や書き文字にするとき

手紙で自分の考えや気持ちを伝えると、同じ内容でも相手にとてもていねいな印象を与えます。同じ書き言葉でもメールがふだん着だとすると、手紙は正装のきりっとした感じでしょうか。文章の書き方もかしこまった表現になります。

ふだん会う友だちに郵便で手紙をやりとりする機会は少ないでしょうが、お正月の年賀はがきは習慣になっている人も多いと思います。１年の区切りを手書きで伝えることで、何だか特別な気持ちになります。

また、わざわざ手書きで文を書き、手紙の場合は封筒に入れたり切手を貼ったりする手間もかかりますので、自分のために時間をかけてくれたことが、相手を尊重している気持ちとして伝わります。

30 本心を言わないとき

プレゼントをもらったときに、ほしくないものでも「ありがとう。うれしいな」「これ、いいね！」などと本心とは違うことを言うことがあります。本当の気持ちではないという意味では嘘なのですが、相手を思いやる気持ちからのやさしい嘘です。

なぜ本心を言わない？

プレゼントをもらったとき、「いらない」と言うと相手は残念に思ったり傷ついたりします。相手は贈る人に喜んでほしくてプレゼントを選んだのです。その気持ちを受け止めて感謝の気持ちを伝えるために本心ではないことを言う場合があります。

嘘も方便

相手のことを思ってやさしい嘘をつくことを「嘘も方便」といいます。「方便」とはもともと仏教の言葉で、悟りを得るためや人を救うために用いられる手段のことをいいます。次のような話が「法華七喩」に紹介されています。

《あるお金持ちの家が火事になってしまいました。その家の中にいた子どもたちは遊びに夢中で、いくら外に出るように言っても聞きません。そこで、大人は「お前たちが欲しがっていた車があるよ」と嘘を言って外に誘い出すことに成功しました。》

嘘をつくのはよくないことですが、「人助けなど時と場合によっては必要なこともある」という教えです。

31 皮肉を言うのはなぜ？

たとえば、すごくちらかっている部屋を見て、お母さんが「まあ、ずいぶんきれいな部屋ねえ」などと、わざと本心と正反対のことを言うことがあります。ほめているような言葉を使っていますが、本当は責めているのです。この表現を皮肉といいます。

なぜ直接言わないの？

はっきりと責めるような言い方をするとケンカを売っていると思われます。皮肉だとやんわりと批判できるのです。直接言われませんから気づかないふりもできます。相手とケンカにならずに、相手を批判したい自分の気持ちを発散することができるのです。

表情や態度に注目

叱られるようなことをしているのにほめ言葉を言っているときなどは、皮肉を言われていることが多いでしょう。皮肉はそれを言う人の声の感じや顔の表情などからわかることがあります。

言葉ではほめられているようでも、ほめられているときの声や顔の表情ではないからです。

32 前向きな言い方

同じできごとを表すにもポジティブな言い方とネガティブな言い方があります。よい面を見て「○○がいいね」という言い方と、悪い面を探して「○○がよくないね」という言い方がありますが、どちらの言い方が相手を元気にするでしょう。

相手を思いやる

ほめてもらえるとうれしくなり、相手に好意を感じます。否定されたと感じると、悲しく反発する気持ちが起こります。相手の感情を考えることも会話をするうえでは大切なポイントです。

リフレーミングする

コップに半分ジュースが入っています。あなたはどんなふうに表現しますか？

①

②

まだ
こんなにある

同じできごとが起こっても、自分がどのようにとらえるかによって気持ちが変わってきます。リフレーミングとは、ある枠組み（フレーム）でとらえている物事のフレームを外して、違うフレームで見ることです。

ロボットとの会話

ペッパーくんのようなおしゃべりロボットが人気です。ちょっとへんな会話になることもありますが、こちらの話しに合わせてこたえるので、話をしている感じになります。

ロボットには、こういう言葉にはこういう言葉で返す、という受けこたえのパターンをたくさんのデータから自動的に学んでいく仕組みがプログラムされています。人工知能（AI）と呼ばれる技術の成果です。

コンピューターの技術が発展し、驚くほどたくさんのデータが蓄えられ、しかも日々「学び」続けていますので、おしゃべりロボットの会話術はどんどん進化しています。会話が続くと、ロボットにも「こころ」があるように感じてきます。ペット型のロボットに愛着を持つ人もいます。不思議なものですね。

◎グラフ・研究の出典

出典①エクマン（1987）表情分析入門、誠信書房
出典②中村　真（1991）情動コミュニケーションにおける表示・解読規則：概念的検討と日米比較調査．大阪大学人間科学部紀要，17，115-145.
出典③Ashton, N.L. et al.（1980）Affective reactions to interpersonal distances by friends and strangers. Bulletin of the Psychonomic Society，15，306-308.
出典④NHK放送文化研究所
https://www.nhk.or.jp/bunken/summary/kotoba/term/099.html
出典⑤セペフリバディ・アザム（2012）一橋日本語教育研究，1，61-72.
出典⑥岡本真一郎（1991）感謝表現の使い分けに関与する要因．愛知学院大学人間文化研究所紀要，6, 192-182.
出典⑦菅原裕子(2013)ほめ上手のほめ言葉：ほめ言葉バンク、児童心理vol67
出典⑧Matarazzo, J.D. et al.（1964）Interviewer head nodding and interviewee speech durations. Psychotherapy： Theory, Research & Practice，1，54-63.

◎参考文献

『新版　人づきあいの技術―ソーシャルスキルの心理学』相川充、サイエンス社、2009
『言語と行為』J.L.オースティン、大修館書店、1978
『ポライトネス―言語使用における、ある普遍現象』ペネロピ・ブラウン，スティーヴン・C・レヴィンソン、研究社、2011
『論理と会話』ポール・グライス、勁草書房、1998
『自閉症の心の世界―認知心理学からのアプローチ』フランシス・ハッペ、星和書店、1997
『モラルの起源―実験社会科学からの問い』亀田達也、岩波書店、2017
『心の理論　心を読む心の科学』子安増生、岩波書店、2000
『人間（ヒト）は手で話す』ギャリック・マラリー、PMC出版、1990
『子どものうそ、大人の皮肉―ことばのオモテとウラがわかるには』松井智子、岩波書店、2013
『マンウォッチング―人間の行動学』デズモンド・モリス、小学館、1980
『言語の社会心理学―伝えたいことは伝わるのか』岡本真一郎、中央公論社、2013
『会話分析の手法』ジョージ・サーサス、マルジュ社、1998
『日常性の解剖学―知と会話』G.サーサス，H.ガーフィンケル，H.サックス，E.シェグロフ、マルジュ社、1997
『会話分析基本論集―順番交替と修復の組織』H.サックス，E.A.シェグロフ，G.ジェファソン、世界思想社、2010
『言語行為―言語哲学への試論』J.R.サール、勁草書房、1986
『社会脳とは何か』千住淳、新潮社、2013
『関連性理論―伝達と認知』D.スペルベル，D.ウィルソン、研究社出版、2000
『プラグマティクス・ワークショップ―身のまわりの言葉を語用論的に見る』田中典子、春風社、2006

あとがき

あなたはこの地球にやってきて、どれくらいになりますか？　私は、かれこれ29年になります。

人間の世界は、不思議なことにあふれています。私は大人になった今でも、知らない常識がたくさんあります。その中での生活は、確かに大変なこともありますが、楽しいこともいっぱいあります。人間の世界をフィールドワーク*していると思えば、毎日が面白く感じられます。

地球の調査を始めてしばらく経ったころ、私は人間という知的生命体の存在に気づき、彼らといっしょに生活してみることにしました。

人間やその人間が作る社会、文化にはいろいろな決まり事があります。たとえば人と話をするときには目を見て話すということや、人から名前を呼ばれたら、その人の方を振り返って返事をするということを私は知りませんでしたので、とても驚きました。

また、挨拶や言葉づかいにもパターンがあり、私はそれを生活しながら自然に身につけることはできませんでしたので、本を読んで自分なりに理解しました。この本が、コミュニケーションと、そのなぞを学ぶ本になったらうれしく思います。

自分と他の人が違うことを悩んだり、わるく思ったりする必要はありません。お互いを尊重し、自分らしさを追求していれば、楽しいことは絶対に増えていきます。あなたが持っている、ユニークな言葉や興味のあることをどうか大切にしてください。

あなたも今日から、地球や人間世界のフィールドワーカーになってみませんか？　きっと何か新しくて面白い発見があるはずです。

綿貫愛子

＊フィールドワーク：文化がちがう社会に住んでみて、そこに住む人々やその文化によりそって調べること。

解説—保護者のみなさま・先生方へ

人が社会生活を営むうえで会話やコミュニケーションが大切であることは言うまでもありません。日常的なコミュニケーションの作法は、たいていの場合、毎日の生活の中で成長とともに身についていきます。

挨拶する、雑談する、感謝する、謝る、などなど。それらは学校で勉強するというより、親や周りの人たちのしていることを見聞きしながら学んでいくことが多いでしょう。

いつの間にかできるようになっているので、なぜそんなことをするのか、どんなふうにしているのかなどを意識することさえ、ふだんはあまりないのではないでしょうか。たとえて言うなら会話ルールの習得は自動運転になっているのです。

しかし、そういったことを自然に学びにくいタイプの子どもたちがいます。たとえば自閉スペクトラム症（ASD）のような発達障害のある子どもたちです。そのような子どもたちも、こういうときにはこうするとよい、それにはこういう理由があるからだといったことを、わかりやすく説明してあげれば理解し納得もし、考えながらコミュニケーションをとるようになっていきます。こちらはいわば手動運転といえるでしょう。

ただ、彼らは教え込もうと大人ががんばっても気持ちがついていかないことが多いようです。他人のペースに合わせにくいのです。けれども、いったん興味が芽生え気持ちのスイッチが入ると、驚くほどの情熱でたくさんのことを自ら吸収していく力を持っています。社会で活躍しているASDの人たちの中には、人との関わり方を本を読むなどして自分で学んだ人も多いようです。

ASDの人たちのそのような力に着目した点に本書の特徴があります。子どもたちに、人間のコミュニケーションの不思議さに興味を持ってもらうこと、コミュニケーションについて自分から学び、生活するうえで役立つ情報を蓄えていく手助けをすることが本書のねらいです。ASDの人たちの学びのスタイルから、それがもっとも効果的な学習方法だと考えたのです。

ですから、この本は親や先生が子どもに教えたり、トレーニングしたりするためのテキスト・教材というよりは、子どもが自分で読み、コミュニケーションの仕組みを知る楽しみを味わいながら学びを深めるためのものです。

子どものころにわくわくしながら読んだ『なぜなぜ科学本』のようなテイストになればいいなとイメージしながら作りました。小学３、４年生以上のお子さんを想定しましたが、読むのが苦手な子にはいっしょに読んであげたり、内容の理解がむずかしい子には補足説明をしてあげたりしてもよいでしょう。

藤野がコミュニケーション発達研究者の立場から、綿貫がASD当事者の立場から執筆に携わり、編集担当の齊藤さんとともに３人のコラボで作業を進めました。

ASD当事者の視点を取り入れた点も本書の大きな特徴です。

この本を読んだ子どもたちが、人のコミュニケーションについてもっと学びたい！　という気持ちになってくれたら、これほどうれしいことはありません。

藤野　博

●著者紹介

藤野　博（ふじの・ひろし）

東京学芸大学教職大学院教授。東北大学大学院教育学研究科博士前期課程修了。東北大学より博士（教育学）。川崎医療福祉大学専任講師、東京学芸大学専任講師、同大学助教授（准教授）を経て、現職。専門はコミュニケーション障害学、臨床発達心理学。主な著書に『発達障害の子の「会話力」を楽しく育てる本』（講談社、2017）、『発達障害のある子の社会性とコミュニケーションの支援』（金子書房、2016）『発達障害の子の立ち直り力「レジリエンス」を育てる本(健康ライブラリー)』（講談社、2015）、『自閉症スペクトラムSSTスタートブック』（学苑社、2010）など多数。

綿貫愛子（わたぬき・あいこ）

臨床発達心理士、学校心理士、公認心理師、国家資格キャリアコンサルタント。東京学芸大学大学院教育学研究科修了。
NPO法人リトルプロフェッサーズ副代表。
NPO法人東京都自閉症協会役員。世田谷区受託事業「みつけばハウス」職員。
大学生のとき、自閉症スペクトラムなど発達障害の判定を受ける。発達凸凹特性のある子どものライフキャリアを支援し、啓発する活動のほか、小学校や高等学校、特別支援学校で巡回心理相談を行っている。

イラスト　おのみさ
組版・本文デザイン　竹川美智子
装幀　カナイ綾子（ムシカゴグラフィクス）

絵でわかる　なぜなぜ会話ルールブック

2018年8月 5日　第1刷発行
2022年4月25日　第5刷発行
著　者　　　藤野博＋綿貫愛子
発行者　　　坂上美樹
発行所　　　合同出版株式会社
東京都小金井市関野町1-6-10
郵便番号　184-0001
電話　042（401）2930
振替　00180-9-65422
ホームページ　https://www.godo-shuppan.co.jp/
印刷・製本　株式会社シナノ

■刊行図書リストを無料進呈いたします。
■落丁乱丁の際はお取り換えいたします。

ISBN978-4-7726-1323-1　NDC376　257×182